D1926091

merci . . .

Sonja Willms

merci

für viele gemeinsame Jahre

SKV-EDITION

Wie ein Fluss strömt uns die Zeit entgegen

Wie in einem Fluss strömt uns die Zeit entgegen und entgleitet uns. In den Augenblicken der Berührung leben wir. Stets flüchtig ist unsere Gegenwart und wir sind dankbar für alles Gute, das Dauer hat. Die Beständigkeit der Verbindungen zu guten Menschen ist das Kostbarste, was uns das Leben zu schenken vermag. Für die Jahre, die uns verbinden, danke ich dir.

Aus verschiedenen Richtungen kamen wir

Aus verschiedenen Richtungen kamen wir, als unsere Wege sich kreuzten. Etwas in der Art des anderen ließ uns aufmerksam werden: sein Aussehen, sein Sprechen, seine Mimik und Gestik, sein Verhalten war uns sympathisch. Wohlwollend gingen wir aufeinander zu. Als ob wir gleichsam unsere Türen füreinander öffneten und den Gast willkommen hießen. Danke für deine geöffnete Türe.

Sympathie – eine der schönsten Blumen

Sympathie ist eine der schönsten Blumen der Menschheit. Und wo sie erneuert wird, da blüht das Leben neu. Da wird spürbar, wie sehr ein gutes Leben davon abhängt, dass wir uns in Verbindung zu guten, freundlichen Menschen wissen. So wird uns die Wechselwirkung der menschlichen Beziehungen bewusst und wir erkennen, dass, wo eine Blume blüht, auch tausend Blumen blühen können. Hab Dank für diese Blume.

1 X Glück 5,- E

Die eigene Zuverlässigkeit
lernt man erst dann schätzen,
wenn man sich auf andere verlassen kann.

MARIANO RUMOR

merci für deine Sympathie

So bin ich unendlich dankbar

So bin ich dir unendlich dankbar, dass die Blume unserer Verbindung noch immer blüht. Auch wenn wir uns unsere Sympathie nicht dauernd bestätigten, so wussten wir doch immer um diese Blume. Auch wenn wir nur ein freundliches Wort füreinander hatten, oder einfach vermieden, uns das Leben unnötig schwer zu machen, dann hegten und pflegten wir unsere Blume.

THIS AREA IS PROTECTED BY

Mit dir im Gespräch sein

Es gab ja nicht nur gute Zeiten. Manche Umstände und Probleme stellten unsere Verbindung auf eine harte Probe. Oft waren Missverständnisse der Auslöser für unsere intensivsten Gespräche. Und das war für uns immer der Beweis, dass aus etwas scheinbar Negativem doch etwas Gutes erwachsen kann. Ich danke dir für deine Geduld.

Sich die Sorgen von der Seele reden

Sich einfach mal ausquatschen können, sich die Sorgen von der Seele reden, dafür waren wir uns immer gut. Und das ist eine Menge wert. Denn dieses Reden ist auch ein Ausdruck des Vertrauens, dass sich das Erzählte nicht gegen einen richten wird. Vielmals haben wir Probleme im Gespräch gelöst. Oft hast du mir über den Berg der Zweifel geholfen. Dass du mir immer zugehört hast, dafür danke ich dir.

Es gibt ein untrügliches Maß
für die Zuneigung: die Zeit,
die man ihr widmet.

SULLY PRUDHOMME

merci für deine Geduld

Von grundlegenden Werten

Alles ändert sich. Veränderungen sind nicht immer schön. Sie können neue Beunruhigungen und Sorgen mit sich bringen. Wir sind auch nicht die geblieben, die wir einmal waren. Aber unsere grundlegenden Werte sind uns nicht verloren gegangen. Unser Vertrauen und unsere Verlässlichkeit sind eher tiefer geworden. Ein sicherer Anker in den Turbulenzen der Zeit. Für diese Gewissheit danke ich dir.

Ohne große Worte

Wenn ich deine Hilfe brauchte, hast du immer geholfen. Du hast keine großen Worte gemacht, sondern gehandelt. Wie oft hast du deine Interessen zurückgestellt, wenn du um Unterstützung gebeten wurdest. Dafür kann ich dir gar nicht genügend danken. Außer dadurch, dass ich für dich da bin, wenn du mich brauchst. Aus dieser gegenseitigen Gewissheit haben wir auch wohl immer etwas Kraft und Zuversicht schöpfen können. Dafür bin ich dankbar.

Was wirklich wertvoll ist

Wir haben nie gegeneinander aufgerechnet. Jeder so gut er kann, war stets unser Einverständnis. Nie ging es um den Preis, denn der Wert war immer höher. Das hat uns reich gemacht in einer Welt der unbedenklichen Vorteilnahme zu eigenen Gunsten. Von diesem Reichtum haben die Habgierigen keine Ahnung. Obwohl er doch eigentlich das Leben erst lebenswert macht. Ich danke dir für diese Schätze.

Die Jahre lehren viel,
was die Tage niemals wissen.

RALPH WALDO EMERSON

merci für dein Vertrauen

Zeichen unserer Verbundenheit

Wir sind schon eine große Wegstrecke miteinander gewandert. Auch wenn wir nicht immer nebeneinander unterwegs waren, weil wir ja durchaus verschiedene Interessen haben, so waren wir doch, sogar wenn wir räumlich weit getrennt waren, nie allzu weit voneinander entfernt. Darum danke ich dir für alle deine freundlichen Worte, die mich per Postkarte, E-Mail oder Telefon erreichten.

Da weiß man, was man hat

Manchmal haben uns die Lebensumstände länger voneinander getrennt. Dann gab es auch lange Pausen zwischen unseren Kontakten. Aber wenn dann einer das Gespräch wieder aufnahm, war es, als hätten wir uns gestern zuletzt gesehen. Für soviel unverbrüchliche Vertrautheit danke ich von Herzen.

Was uns am Herzen liegt

Zeit ist nicht Geld. Zeit ist Leben. Die Kürze des Lebens verdeutlicht uns den Wert unserer Zeit. Mit Geld haben wir nie kaufen können, was uns am Herzen liegt: Sympathie, Vertrauen, Verständnis, Hilfsbereitschaft, Gastfreundschaft, Gedankenaustausch, Verlässlichkeit, Freundschaft, Liebe, Geborgenheit im Wohlwollen anderer Menschen. Für soviel gute Zeit, in der ich diese Erfahrungen leben durfte, bin ich dir äußerst dankbar.

Man kommt in die besten Jahre,
wenn man die guten hinter sich hat.

ANDRÉ MAUROIS

merci für viele heitere Stunden

Mit Gelassenheit und Weitsicht

Allmählich sind wir in die Jahre gekommen. Wir brauchen uns nicht mehr zu beeilen. Weil wir weder den Dingen noch unserem Ansehen, noch dem Geld hinterherjagen müssen. Und wenn wir es recht betrachten, haben wir das immer nur in den Maßen getan, wie es zur Sicherheit notwendig war. Viel mehr war nicht nötig. Worauf es uns wirklich ankam, nämlich unser Ansehen in den Augen der Menschen, die uns etwas bedeuten, das hatten wir aneinander schon ein Stück weit gefunden. Hab dafür meinen tiefen Dank.

Worauf es wirklich ankommt

Dir verdanke ich den Rückhalt, dass jeder Mensch zwar Anerkennung braucht, dass aber Selbstbestätigung keine moderne Kampfsporttechnik ist. Niemand, auf dessen Meinung ich Wert lege, mag mich wegen irgendwelcher Äußerlichkeiten. Die neueste Mode, das schnellste Auto, die exotischste Reise waren nie unsere Maßstäbe. Unser Denken und Verhalten hat schon immer die Dauer unserer Gemeinsamkeit bestimmt. Für viele Jahre entspannter Nähe danke ich dir.

Auf eine glückliche Zukunft

Alles, was Bestand hat, ist von Harmonie getragen. Ein ausgewogenes Verhältnis der Neigungen und Gefühle, der Einsichten und Bewertungen, verleiht der Gemeinsamkeit Dauer. Weil wir täglich neue Erfahrungen machen, wir neugierig auf die Gegenwart sind, interessiert und aktiv unsere Zeit gestalten, bleiben wir uns auch auf eine gute Zukunft hin verbunden. Das gibt uns Zuversicht, Freude und auch Trost für die Jahre, die da kommen. Und dafür danke ich dir.

Bibliografische Information Der Deutschen Bibliothek
Die Deutsche Bibliothek verzeichnet diese Publikation in der Deutschen Nationalbibliografie; detaillierte bibliografische Daten sind im Internet über http://dnb.ddb.de abrufbar.

Bestell-Nr. 95552 · ISBN 978-3-8256-5552-5
1. Auflage 2007

Idee, Konzeption und Realisation: © Carpe Diem Concept GmbH – Freiburg im Breisgau 2007
Abbildungen: Einband-Vorderseite und Titel: Michèle Constantini (PhotoAlto); © Heinz Ney: 21, 30, 33, 37, 41; alle übrigen: © Bildarchiv CDC, Freiburg im Breisgau
Produktion: art und weise, Freiburg im Breisgau
Gesamtherstellung: St.-Johannis-Druckerei, Lahr/Schwarzwald
Printed in Germany